T e

e

Hodder & Stoughton

A MEMBER OF THE HODDER HEADLINE GROUP

Acknowledgements
Photos: pp. 3, 8, 11, 15 © BFI Films: Stills, Posters and Designs
pp. 7, 19 © The Ronald Grant Archive
p. 4 © Harry Siskind/All Action; p. 12 © All Action; p. 16 © Stephen Trupp/
All Action
Cover: © Retna

Orders: please contact Bookpoint Ltd, 78 Milton Park, Abingdon, Oxon OX14 4TD. Telephone: (44) 01235 827720, Fax: (44) 01235 400454. Lines are open from 9.00–6.00, Monday to Saturday, with a 24 hour message answering service. Email address: orders@bookpoint.co.uk

British Library Cataloguing in Publication Data
A catalogue record for this title is available from The British Library

ISBN 0 340 77495 9

First published 2000
Impression number 10 9 8 7 6 5 4 3 2 1
Year 2005 2004 2003 2002 2001 2000

Typeset by Fakenham Photosetting Ltd, Fakenham, Norfolk.
Printed in Great Britain for Hodder & Stoughton Educational, a division of Hodder Headline Plc, 338 Euston Road, London NW1 3BH by Hobbs the Printers, Totton, Hampshire.

Table des matières

What do you know about Tom Cruise?

- How did he first get into acting?
- Can you name his first wife?
- Can you name three of his films?

read on . . .

1. Origines

Nom:	Tom Cruise
Date de naissance:	3 juillet 1962
Lieu de naissance:	Syracuse, New York State

Aujourd'hui,
Tom est une grande star.
Riche, célèbre,
très aimé, heureux . . .

Mais quand Tom était petit,
c'était différent.
C'était difficile.

célèbre – famous *heureux – happy* *était – was*

Quand Tom était petit,
son père avait une ambition:
devenir riche.
Il changeait souvent de travail,
et la famille changeait souvent
de maison.

Tom avait des problèmes à l'école:
- il changeait souvent d'école.
- il était dyslexique.

Pour Tom, les mots dansaient
sur la page.
Il mélangeait les "b" et les "d".

Les professeurs disaient:
"Tom est stupide."
Mais sa mère disait:
"Tom n'est pas stupide –
il est dyslexique."

Elle est aussi dyslexique.

changeait souvent – often changed
mélangeait – mixed up
les mots – the words

Pour Tom, les mots dansent sur la page

Le jeune Tom

Quand Tom a 12 ans,
ses parents se séparent.
Son père disparaît –
pendant 10 ans.

A la maison, il y a Tom,
sa mère et ses trois sœurs,
donc quatre femmes et Tom.
Tom déclare aujourd'hui:
"Je préfère la compagnie des femmes."

A l'école, Tom est très sportif.
Mais, un jour, il a un accident.
Impossible de faire du sport –
donc il fait du théâtre.

Surprise – il adore le théâtre!
Il décide de devenir acteur.

A 17 ans, il va à New York
pour devenir acteur.

disparaît – disappears *femmes – women* *devenir – to become*

2. Premiers films

Il est difficile
de tourner des films.
Mais Tom est déterminé.

Il trouve un petit rôle
dans *Taps*, un film anti-militaire.
Il y a 2000 candidats
pour le rôle!

On commence à tourner le film.
Le directeur regarde Tom
et dit, "C'est un très bon acteur!"
Il donne un rôle important à Tom!

Maintenant, Tom est une star
du "Brat Pack" –
un groupe de jeunes acteurs
dans de grands films.

tourner – to make (a film) *on commence – they start*
donne – gives *jeunes – young*

Dans le film *Taps*

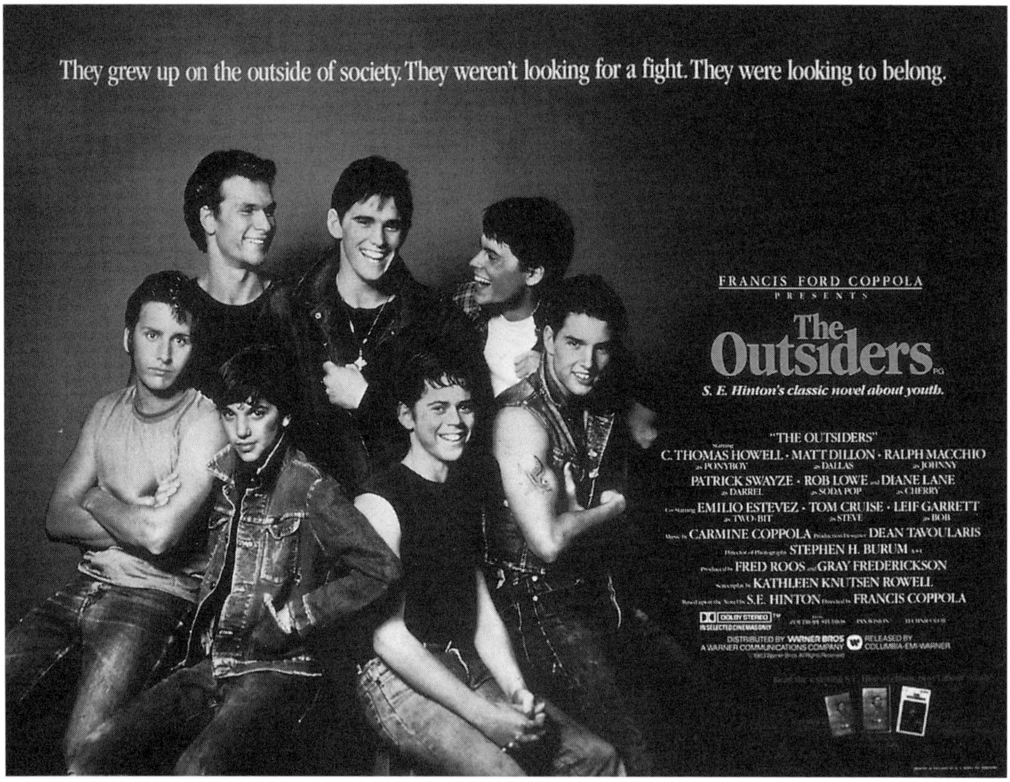

Tom Cruise, Patrick Swayze, Matt Dillon et Rob Lowe, dans le film *The Outsiders*

Tom est un acteur sérieux.
Pour se préparer à un rôle,
il adopte le caractère de son rôle.

Par exemple, en 1983,
comme préparation à son rôle
dans *The Outsiders,*
Tom ne se lave pas
pendant des semaines!
Le film est un classique.

En 1983, il tourne une comédie, aussi.
Ça s'appelle *Risky Business.*
Mais Tom voudrait tourner
des films sérieux.

Soudain, le père de Tom revient.
Il va mourir.
Tom rend visite à son père.
Et les 10 ans de séparation?
Son père ne parle pas
de ces 10 ans de mystère . . .

ne se lave pas – doesn't wash
il va mourir – he's dying
revient – comes back

3. Action

Tom tourne le film *Legend.*
C'est long et difficile:
une semaine de travail
pour 30 secondes de film.
Ce n'est pas un succès.

Tom veut tourner un film d'action.
Top Gun est idéal!

C'est un film
au sujet d'une école
pour pilotes de chasse.
Pour se préparer à ce rôle,
Tom passe trois mois
avec des pilotes de chasse.

Top Gun rapporte
170 millions de dollars
aux Etats-Unis.
C'est *le* film de 1986.

un pilote de chasse – fighter plane pilot *rapporte – makes*

Tom dans *Top Gun*

Tom avec Mimi Rogers

4. Mariage

Tom est riche,
mais il n'est pas heureux.
Il sort avec beaucoup de femmes,
comme Cher, par exemple.
Mais il ne trouve pas
la femme idéale . . .

Puis, il rencontre Mimi Rogers.
Tom se marie avec Mimi en 1987.

Mimi est membre
de l'Eglise de Scientologie.
Elle introduit Tom à la scientologie.

Tom et Mimi veulent un bébé,
mais non – c'est impossible.

heureux – happy *sort avec – goes out with* *rencontre – meets*

5. Le grand succès

Tom tourne *Rain Man*
avec Dustin Hoffman.

Dustin joue le frère de Tom Cruise,
Raymond.
Raymond est autiste.
Tom comprend les difficultés
de Raymond –
il avait des problèmes à l'école, aussi.

Le film remporte 8 oscars.

En 1988,
Tom tourne un film anti-militaire,
Born on the Fourth of July.
C'est l'histoire vraie
d'un soldat de l'armée américaine
qui revient du Vietnam
handicapé.

Tom est excellent dans le film.

autiste – autistic *comprend – understands* *avait – had*

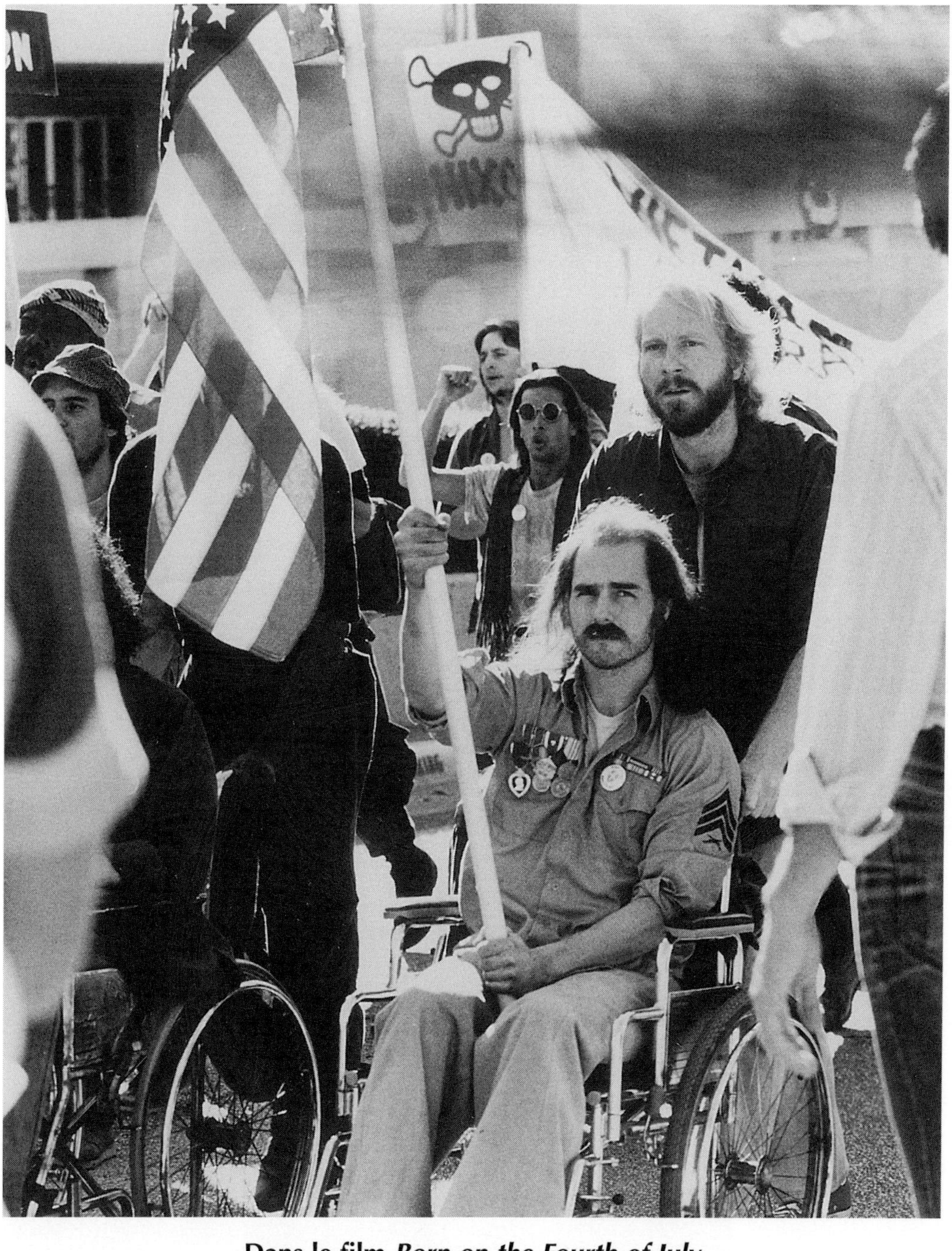

Dans le film *Born on the Fourth of July*

Tom et Nicole Kidman

6. Famille et films

Tom rencontre Nicole Kidman
et décide:
son mariage avec Mimi est fini.

Il divorce de Mimi,
et se marie avec Nicole
en 1990.

Tom et Nicole
sont le couple le plus célèbre
d'Hollywood.

En 1991, Tom et Nicole
tournent le film *Far and Away*.

Le film rapporte
100 millions de dollars.
Pour Tom, ce n'est pas un succès . . .

rencontre – meets *le plus célèbre – the most famous*

En janvier 1993,
Tom et Nicole adoptent un bébé,
une petite fille, Isabella.

Tom continue à jouer dans
des rôles différents.

Dans le film *Interview with a Vampire,*
Tom joue le rôle du vampire.

Beaucoup de gens disent:
"Tom est trop sympa
pour jouer un vampire."
Mais le film est un succès.

En 1995,
Tom et Nicole adoptent
un deuxième bébé,
un petit garçon, Connor.

gens – people *trop sympa – too nice*

Tom dans *Mission: Impossible*

7. Un héros

En 1996, Tom joue Ethan Hunt,
héros du film *Mission: Impossible.*
Le film coûte
64 millions de dollars.

Dans le film,
il y a deux grandes cascades.
Tom fait les cascades lui-même.
Ce film d'action est un succès,
et Tom fait *Mission: Impossible 2.*

Mais Tom est aussi un *vrai* héros!

Un jour, Tom et sa famille
sont sur leur yacht.
Tom voit un autre yacht –
en flammes!

Tom et Nicole sauvent 5 personnes.
Alors ce sont des héros!

cascades – stunts *lui-même – himself* *sauvent – save*